Alexander Eilers

Rußpartikel

Alexander Eilers

Rußpartikel

Aphorismen

Nebst diversen Freundesgaben

Mit einem Vorwort
versehen von
Andreas Steffens

Königshausen & Neumann

Bibliografische Information der Deutschen Nationalbibliothek

Die Deutsche Nationalbibliothek verzeichnet diese Publikation
in der Deutschen Nationalbibliografie; detaillierte bibliografische Daten
sind im Internet über http://dnb.d-nb.de abrufbar.

© Verlag Königshausen & Neumann GmbH, Würzburg 2021
Gedruckt auf säurefreiem, alterungsbeständigem Papier
Umschlag: skh-softics / coverart
Umschlagabbildung: Kvkirillov: Flammende Fackel; D1536089
© panthermedia.net
Lektorat: Andeas Steffens & Elisabeth Turvold
Alle Rechte vorbehalten
Dieses Werk, einschließlich aller seiner Teile, ist urheberrechtlich geschützt.
Jede Verwertung außerhalb der engen Grenzen des Urheberrechtsgesetzes ist
ohne Zustimmung des Verlages unzulässig und strafbar. Das gilt insbesondere
für Vervielfältigungen, Übersetzungen, Mikroverfilmungen und die
Einspeicherung und Verarbeitung in elektronischen Systemen.
Printed in Germany
ISBN 978-3-8260-7265-9
www.koenigshausen-neumann.de
www.ebook.de
www.buchhandel.de
www.buchkatalog.de

Danksagung

Wie viele Personen an der Entstehung eines Buches Anteil haben, kann nur geschätzt, nicht genau bestimmt werden. Manche geben Impulse, ohne sich dessen bewußt zu sein, andere tragen mit großer Leidenschaft aktiv zur Veröffentlichung bei. Ihnen allen gilt mein Dank – ganz besonders aber denjenigen, die sich, ob zustimmend, ergänzend oder kritisch, auf ein ‚Gespräch der Gedanken' eingelassen haben. Sie kommen am Ende des Bandes mit eigenen Texten zu Wort.

Inhalt

Vorwort von Andreas Steffens 9

Rußpartikel 25

Freundesgaben 69

Preisfrage 81

Autorenporträts 85

Glut unter der Asche

> Ungeheure S e l b s t b e s i n n u n g: nicht als Individuum, sondern als Menschheit sich bewußt werden. Besinnen wir uns, denken wir zurück: gehen wir die kleinen und großen Wege!
>
> Friedrich Nietzsche, *Der Wille zur Macht*, Nr. 585

Dem Walten der Sterne unterliegt auch, wer nicht daran glaubt. Wer, auf was immer, hofft, wünscht sich günstige Konstellation. Wenn nicht am Himmel, dann auf Erden. Einem Buch ein Vorwort zu widmen heißt, ihm günstige Konstellation zwischen Autor und Lesern zu wünschen, und verwegen zu hoffen, dazu beizutragen, daß sie sich einstelle.

Dazu aber darf es nicht von der Art des ‚Blitzableiters' sein, als welchen Lichtenberg das Vorwort als die fragwürdigste aller literarischen Gattungen bestimmte. Nichts ist dem freien Denken so ungemäß wie die vorwegnehmende Zurückweisung der Einwände, die es auf sich ziehen mag. Nur das Denken, das es weckt, rechtfertigt ein Denken.

Vorwort

Wenn die Sterne günstig sind, ist das Vorwort keine subalterne Art von Trinkspruch, sondern eine Nebenform der Kritik (Jorge Luis Borges, „Vorworte", 13). Eine solche hat es besonders dann zu sein, wenn es kritischen Ein-Sätzen voransteht wie den *Rußpartikeln* Alexander Eilers', der siebten Sammlung seiner Aphorismen. Statt Blitze zu schleudern, um in Lichtenbergs Bild zu bleiben, – und die, die sie auslösen mögen, vorauseilend abzuleiten –, geht es darum, neues Feuer aus den Versteinerungen eines Vergessens zu schlagen, das im verzehrenden Gang der Zeiten nicht einfach eintritt, sondern im Widerstreit der sie bewegenden Interessen hergestellt wird. Dazu gehört, daran zu erinnern, woher das Denken stammt, dem sie Sprachgestalt geben: aus der Kritischen Theorie.

II

Die Fackel der Aufklärung rußt.

Der Titel versteckt in kleinsten Teilen den Stoff einer der größten Aufgaben des Denkens, das sich nicht nur seiner eigenen Herkünfte bewußt ist, sondern der Geschichte, die sie ihm stellt, als andauernder Verpflichtung der Gegenwart. Das Motiv hat Benjamin in seinem Gegenentwurf zur Geschichtsschreibung der Sieger gestiftet. Die Überlieferung der ‚Kulturgüter', auf denen sie beruht, verdankt ihr *Dasein nicht nur der Mühe der großen Genien, die es geschaffen haben, sondern auch der namenlosen Fron ihrer Zeitgenossen. Es ist niemals ein Dokument der Kultur, ohne zugleich ein solches der Barbarei zu sein* („Über den Begriff der Geschichte", 696).

Den ‚Ruß' bestimmt das Deutsche Wörterbuch der Brüder Grimm als *die collective bezeichnung für die festen, wesentlich aus kohle bestehenden ausscheidungen, welche sich bei der vollständigen verbrennung von organischen körpern bilden* (Band 14, 1554). Die ‚vollständige Verbrennung von organischen Körpern' aber ist die genaue Bezeichnung des mythischen Brandopfers: ‚holocaustum'.

Die Konstellation entspricht in ihrer Hintergründigkeit der Lage, auf die sie antwortet: einer latenten Wirkung des Verdrängten, das sich nicht mehr als Bewußtsein, sondern als unangemessenes Verhalten äußert. Während die offizielle Erinnerungskultur suggeriert, die Lehren seien gezogen, lassen sie sich ruhigen Gewissens so sehr mißachten, daß Geschichte sich ungehindert als Abfolge humaner Katastrophen so sehr fortsetzt, daß die Frage, *warum die Menschheit, anstatt in einen wahrhaft menschlichen Zustand einzutreten, in eine neue Art von Barbarei versinkt*, über die Antwort hinaus, die die Philosophie gab, die sie sich als größte Herausforderung stellte, virulent bleibt (Horkheimer/Adorno, „Dialektik", 1).

Die *Rußpartikel* greifen nach den Gedanken, die nach der Barbarei der letzten menschlichen Brandopfer, die keine Opfer waren, weil sie keinem Gott mehr dargebracht wurden, nicht nur ‚noch' möglich, sondern seitdem unbedingt notwendig sind. Gedanken, die unter der Asche der Zivilisation schwelen. Im Aphorismus glimmen sie empor wie jene volkstümlichen ‚Burgunder', die, nach Balzacs Überlieferung, jenen kurzen Schockmoment bezeichnen, *wenn die Glut mit einem heftigen Geräusch auseinanderspringt und auf den Teppich oder das Kleid ein Stückchen glühende Kohle schleudert, woraus leicht ein Brand entstehen kann. Das Feuer, sagt man, befreie eine Luftblase, die ein nagender Wurm im Herzen des Holzes zurückgelassen ha*t (zitiert nach: Ritter, „Kristallisation"). In dem Feuer, das sie metaphorisch zitieren, verbrannte die Aufklärung, deren Ziel die Abschaffung des Opfers in jeglicher Gestalt durch Überwindung des Mythos war.

Doch nicht einmal Vernichtungen sind vollständig. Noch endgültig. Wenn anders, gäbe es zwar Geschichte, aber keine Kenntnis von ihr. Nichts, was ins Sein gelangte, verläßt es ohne Rückstände. Selbst das alles verzehrende Feuer hinterläßt im Ruß kleinste Spuren des Verbrannten.

III

Leuchtete uns doch die Aufklärung heim!

Drei Wochen nach der Kapitulation des Deutschen Reiches richtet Adorno in einem Vortrag in Los Angeles „Fragen an die intellektuelle Emigration". Was er vorträgt, ist ein Programm. Er wird es mit der Kulturkritik einlösen, die er nach seiner Rückkehr nach Deutschland entfaltet, wie außer ihm nur Hans Blumenberg in seiner frühen Publizistik, die zu kurz währte, um zu wirken und erinnert zu werden, und Ulrich Sonnemann.

Wenn die große Philosophie auf ihrer Höhe, nach Hegel, die Arbeit des Geistes mit dem Prinzip der Negation gleichsetzte, so ist damit die Verpflichtung aner-

kannt, über das je Gegebene und bloß Seiende hinauszugehen, nicht bloß um der Möglichkeit eines Besseren willen, sondern bereits um das Gegebene selber begreifen zu können (Adorno, „Fragen", 354 f.). Das ist die ganze Kritische Theorie in einem Satz. *Die blind akzeptierte, zum absoluten Wert gestempelte Kultur ist bereits die Barbarei* (356).

Deren Spuren in ihr offenzulegen, ist die zeitlose Aufgabe eines Denkens, das sich den Ansprüchen eines richtigen Lebens gegen seine falschen Bedingungen verpflichtet. *Der allein denkt, welcher das je Gegebene nicht passiv hinnehmen will; von dem Primitiven, der sich überlegt, wie er sein Feuerchen vorm Regen beschützen oder wohin er vorm Gewitter sich verkriechen kann, bis zum Aufklärer, der konstruiert, wie die Menschheit durchs Interesse an der Selbsterhaltung aus ihrer selbstverschuldeten Unmündigkeit hinausgelange* (Adorno, „Marginalien zu Theorie und Praxis", 765).

Nachdem die Aufklärung auch in ihrer ersten Selbstaufklärung, der Romantik, unvollendet blieb, was sie zeitlos werden ließ, findet das kritische Denken sich in der Lage jenes Primitiven, der sein Feuerchen zu schützen sucht. Kritik bewahrt das Denken davor, in den Gewitterstürmen der Geschichte zu verlöschen, die ihm unentwegt seine Ohnmacht demonstrieren. Gedacht wird trotzdem.

Maß der Kritik ist nicht das Schlechte am Bestehenden, sondern das Bessere im Vergangenen, dessen Nichtverwirklichung schlecht werden ließ, was heute ist. *Die ungeminderte Dauer von Leiden, Angst und Drohung nötigt den Gedanken, der sich nicht verwirklichen durfte, dazu, nicht sich wegzuwerfen. Nach dem versäumten Augenblick hätte er ohne Beschwichtigung zu erkennen, warum die Welt, die jetzt, hier das Paradies sein könnte, morgen zur Hölle werden kann* (Adorno, „Wozu noch Philosophie", 470). Der kritische Gedanke entspringt aus dem festgehaltenen Bewußtsein, daß und wie Dasein schon hätte besser sein können, als es ist. Jede Kritik ist Erinnerung des Nichtgewesenen und Unvollbrachten, das hätte sein können. Sie verweigert die Resignation, zu der das historische Bewußtsein als Archäologie unverwirklichter Möglichkeiten das Denken verleitet (vgl. Adorno, „Resignation").

Kritik ist Entscheidung, Urteil; aber kein einspruchslos letztes. Endgültig ist das kritische Urteil nur seiner Form nach. So in sich geschlossen diese ist, so offen ist das Denken, das es ausspricht. Wie der Wert eines jeden Gedankens der andere ist, den er weckt, so ruft die Apodiktik des Aphorismus, der dichtesten Sprachform der Kritik, als Ein-Satz-Gedanke dazu auf, ihn zu fassen. Und oft auf Anhieb schon hervor. Wie der Aphorismus einen langen Gang der Reflexion komprimiert, so nimmt der Gedanke, den er aufruft, den Prozeß des Weiterdenkens vorweg, in dem jeder steht.

IV

Es hat uns in die Sprache verschlagen.

Als Gestalt der Kritik gehört der Aphorismus zum Erbe der Aufklärung. Als literarische Form aber ist er Kind der Reaktion auf sie. Darüber soll man sich durch die Stellung Lichtenbergs in der konventionellen Genealogie der Gattung nicht täuschen lassen. Von den französischen Moralisten, von Rivarol über Nietzsche bis zu Cioran und Gómez Dávila begehrt er gegen ihr Vernunftmonopol auf. Aphoristik ist die Form des Denkens im Widerstand gegen jede Gestalt angemaßter Geltung.

Vorwort

Adornos eigene Aphoristik der *Minima Moralia* erhielt ihre Form von Nietzsche, ihre Methode von Hegel und ihre Haltung von Karl Kraus: Wahrnehmungserweckt, wird der Gedanke dialektisch hervorgetrieben und polemisch ausgesprochen. So tritt am Einzelnen hervor, was das Allgemeine bestimmt, wird das Ganze am Teil erschlossen, an dessen Versehrungen dessen falscher Zustand hervortritt.

Die damit zum Verfahren werdende Bloßstellung der ‚Negativität' gehört als Leitmotiv der Kritik zum literarischen Erbe der deutschen Aufklärung. Johann Gottfried Seume hat sie als Kategorie der *Negativen Anthropologie*, zu welcher Ulrich Sonnemann Adornos *Negative Dialektik* erweiterte, in einem Aphorismus seiner in den Jahren 1806 und 1807 geschriebenen *Apokryphen* vorweggenommen. *Alles würde in der Welt am besten mit Negativen gehen. Die Wegschaffung des Schlimmen wird schon das Gute bringen* („Apokryphen", 26). Der Motivkern der Kritik ist nicht das Schlechte, das sie herausstellt, sondern das Gute, das mangelt. Im Doppelsinn: Sie in Gestalt der Offenlegung ihres Mangels einzufordern erfordert bereits Anteil an ihr. Es muß sie geben, um sie entbehren zu können, wie der, der sie entbehrt, sie schon besitzt. Das ‚Etwas‘, das nach Brechts Diktum ‚fehlt‘, ist immer ein Zuwenig.

Aufmerksamkeit auf das Verfehlte, das Mißratene und Falsche bezeugt keine selbstquälerische Lust am Übel, sondern ist die einzige Weise, das Richtige zu entdecken, das unter dem Gebot zu vermeidender Endurteile nur das weniger Falsche sein kann. Das Auftreten des Unmenschen führt unverstellt vor Augen, was Menschsein bedeutet. Das Gute gibt es nur als das Bessere, das im Schlechten sein Maß hat. *Das Schlechte abschaffen ist menschlicher als das Gute suchen* (Horkheimer, „Notizen", 67).

Die literarische Herkunft des Motivs der Negativität verweist auf die untrennbare Beziehung des Aphorismus zur Literatur. Sie bestimmt, in welcher Weise er eine Form philosophischen Denkens ist (vgl. Heinz Krüger, „Studien"). *Aphorismen sind die philosophischste Gattung der Literatur und die literarischste der Philosophie. Im Grenzbereich beider bieten sie das Konzentrierteste an sprachlicher Form und gedanklicher Substanz. Nirgends sonst wird auf so knappem Raum so bündig auf die Sprache, das Denken, den*

Menschen und die Gesellschaft reflektiert (Asemissen, „Widersprüche", 365).

Dabei ist das elementare Erkenntnismedium nicht die Begrifflichkeit, sondern die Sprache. Diese *setzt nicht das Denken voraus, sondern vollbringt es. – […] Gewiß ist der Vorgang des Denkens ein blitzartig augenblicklicher, doch bleibt uns sodann, es uns anzueignen; und wir machen es uns zu eigen nur durch den Ausdruck* (Merleau-Ponty, „Phänomenologie der Wahrnehmung", 211). Der Aphorismus ist die Sprachform einer Erkenntnis, wie sie sich in der Bewegung des Denkens ‚blitzartig augenblicklich' einstellt.

V

Erklärliches darf unverstanden bleiben.

Literarisch ist der philosophische Aphorismus in seiner Gestalt des Satzes. *Die Geschichte der Literatur im zwanzigsten Jahrhundert ist eine von Grenzübertritten beider und einer dritten Art. Diese dritte ist der Satz selbst, die leibhaftige Erscheinung der Literatur, ihr Fleisch und Blut* (Sonnemann, „Grenzübertritte", 83). Während die sich ganz der Sprache selbst anvertrauende Ein-Satz-Aphoristik von Elazar Benyoëtz ihre Erkenntnis aus der Grenzüberschreitung zur Lyrik gewinnt, und Hermann Schweppenhäusers *Verbotene Früchte* in manieristischer Mimesis an die Sprachgestik Adornos den Aphorismus als fragmentistischen Essay zur Kurzform einer orthodoxen Kritischen Theorie ausprägen, stehen Eilers' *Rußpartikel* Hans Kudszus' *Jaworte, Neinworte* am nächsten, deren Satzverdichtungen sie bei der virtuosen Variation ihrer theoretischen Hauptmotive (Fetischcharakter der Waren, Flaschenpost, falsches Bewußtsein, Halbbildung, Kulturindustrie) noch um einen Grad steigern. Dabei üben sie jene *Ketzerei*, die Adorno – wie nach ihm dann Günther Anders – als *das innerste Formgesetz des Essays* bestimmte (Adorno, „Der Essay als Form", 49): *Eine Philosophie, die man leben könnte, verlöre ihren Sinn. – Gäbe es mehr Verzweiflung, wäre noch Hoffnung. – Nicht einmal unsere Vorurteile gehören uns selbst. – Die Lösung ist ein Teil des Problems* (*Rußpartikel*, 34, 35, 39, 48).

Wenn etwas an Kritischer Theorie im Sinn denkender Erschließung ‚aktuell' geblieben ist, dann der sie tragende Impuls, der Verkümmerung der Deutungskraft als Symptom des Verfalls der

Individualität zu widerstehen: *Der Mensch ist nicht, was die Menschen sind* (Rußpartikel, 59). Die Grenzen unserer Sprache ziehen nicht nur, nach Wittgenstein, die Grenzen unserer Welt und unseres Anteils an ihr; sie sind die Grenzen unserer selbst: *Die Welt ist die Realität des Bildes, das wir uns von ihr machen* (Rußpartikel, 36). Man kann sein, der man ist, nur nach den Maßen eigener Artikulationsfähigkeit. Aphoristik ist deren Hohe Schule. Als individualistischer Ausdruck von Einsichten ins Allgemeine bewährt sie Selbstbehauptung im Denken: *Wer mitmacht, drückt sich* (Rußpartikel, 54). So sehr Aphoristiker sich lesen, als wären sie nicht nur alle miteinander bekannt, sondern verwandt, so sehr spricht aus einem Aphorismus die Person seines Verfassers. In seiner Sprachgestalt wird ein Denken zur Verkörperung des Geistes.

Nichts sei mehr selbstverständlich, konstatierte der erste Satz der *Ästhetischen Theorie* Adornos. Das gilt längst auch für die Kritik, die es feststellt. Je mehr gewußt wird, desto weniger wird verstanden: *Wer alles weiß, hat keine Ahnung* (Rußpartikel, 60). Das macht den Aphorismus als Denkform der Kritik zur apodiktischen Gestalt belehrter Ratlosigkeit und nötigt ihm als ehrlichste Form den Fragesatz auf: *Was, wenn die Dinge schon von sich aus mehrdeutig sind?* (*Rußpartikel*, 47). Dann bleibt nichts, als noch schärfer zu denken. Und sich der Sprache anzuvertrauen, die mehr weiß, als gewußt wird.

Andreas Steffens

Literatur

Adorno, Theodor W., *Minima Moralia. Reflexionen aus dem beschädigten Leben*, Berlin & Frankfurt/M 1951
Adorno, Theodor W., „Der Essay als Form", in: ders., *Noten zur Literatur*, Frankfurt/M 1958
Adorno, Theodor W., „Zur Einführung in Heinz Krügers ‚Studien über den Aphorismus als philosophische Form'", in: *Gesammelte Schriften* Band 10.2, Frankfurt/M 1977, 474–476
Adorno, Theodor W., „Heinz Krüger zum Gedächtnis", in: *Gesammelte Schriften* Band 10.2, Frankfurt/M 1977, 473–476
Adorno, Theodor W., *Negative Dialektik*, Frankfurt/M 1966; *Gesammelte Schriften*, Bd. 6, Frankfurt/M 1973
Adorno, Theodor W., „Marginalien zu Theorie und Praxis", in: *Gesammelte Schriften* Band 10.2, Frankfurt/M 1977, 759–782
Adorno, Theodor W., „Wozu noch Philosophie", in: *Gesammelte Schriften* Band 10.2, Frankfurt/M 1977, 459–473
Adorno, Theodor W., „Resignation", in: *Gesammelte Schriften* Band 10.2, Frankfurt/M 1977, 794–799
Anders, Günther, *Ketzereien*, München 1982
Asemissen, Hermann Ulrich, „Widersprüche. Anmerkungen zu

Aphorismen", in: *Sabotage des Schicksals. Für Ulrich Sonnemann*, Tübingen 1982, 356–366

Benjamin, Walter, „Über den Begriff der Geschichte", in: *Gesammelte Schriften* I.2, Werkausgabe Band 2, Frankfurt/M 1980, 691–704

Blumenberg, Hans, alias Axel Colly, „Frühe Feuilletons (1952–1955)", in: *Neue Rundschau*, 129. Jahrgang, Heft 4, Frankfurt/M 2018, 5–123

Borges, Jorge Luis, „Vorworte", in: *Werke*, hg. von Gisbert Haefs und Fritz Arnold, Band 18, Frankfurt/M 1995

Horkheimer, Max, Adorno, Theodor W., *Dialektik der Aufklärung. Philosophische Fragmente* (1947), Frankfurt/M 1969

Horkheimer, Max, *Notizen 1950 bis 1969 und Dämmerung. Notizen aus Deutschland*, Frankfurt/M 1974

Krüger, Heinz, *Studien über den Aphorismus als philosophische Form*, Frankfurt/M 1956

Kudszus, Hans, *Jaworte, Neinworte. Aphorismen*, mit einer Einführung von Dieter Hildebrandt, Frankfurt/M 1970

Ritter, Henning, „Kristallisation", in: F.A.Z., 10.9.2006

Schweppenhäuser, Hermann, „Citoyen in Deutschland. Zu Seumes *Apokryphen*", in: Johann Gottfried Seume, *Apokryphen* [1806/07], Frankfurt/M 1966, 137–163

Schweppenhäuser, Hermann, *Verbotene Frucht. Aphorismen und Fragmente*, Frankfurt/M 1966

Seume, Johann Gottfried, *Apokryphen* [1806/07], Frankfurt/M 1966

Sonnemann, Ulrich, „Grenzübertritte. Von einem epigrammatischen Werkheft", in: Uwe Schultz, Hg., *Das Tagebuch und der moderne Autor*, München 1965, 83–94

Sonnemann, Ulrich, „Unangepaßtheit als kritische Phantasie. Zur deutschen Vergessenheit und Aktualität J.G. Seumes", in: ders., *Tunnelstiche. Reden, Aufzeichnungen, Essays*, Frankfurt/M 1987, 79–91.

Sonnemann, Ulrich, „Rehabilitierung des Unverfügbaren oder Warum erst Vernunft, die auch über sich selbst sich noch aufklärte, welche ist", in: Gerhard Bolte (Hg.), *Unkritische Theorie. Gegen Habermas*, Lüneburg 1989, 67–79

Sonnemann, Ulrich, „Verteidigung des langen Satzes", in: ders., *Müllberge des Vergessens. Elf Einsprüche*, hg. von Paul Fiebig, Stuttgart-Weimar 1995, 1–4

Steffens, Andreas, „Es sich sagen lassen. Zwei wesentliche Ermutigungen", in: Christoph Grubitz, Ingrid Hoheisel, Walther Wölpert, Hg., *Keine Worte zu verlieren. Elazar Benyoëtz zum 70. Geburtstag*, Herrlingen 2007, 61–64

Steffens, Andreas, „Unverzüglich. Eine Nachrede", in: ders., *Vorübergehend. Miniaturen zur Weltaufmerksamkeit*, Wuppertal 2010, 107–112

Steffens, Andreas, „Fragwürdigkeit des Aphorismus", in: ders., *Auf Umwegen. Nach Hans Blumenberg denken*, Wien 2021

Rußpartikel

Gaben müssen den Beschenkten so tief betreffen, daß er erschrickt.

(Walter Benjamin)

Wahr sind nur Gedanken, die sich selber nicht verstehen.

(Theodor W. Adorno)

Woraus vertreibt mich die Zeit, die ich mir vertreibe?

(Helmut Lamprecht)

Formsache. –
Die Kultur ist das Alibi der Barbarei, das diese schon nicht mehr nötig hat.

(Hermann Schweppenhäuser)

Alles passiert, und nichts geschieht.

(Ulrich Eckenbrecht)

Laster ist Verbissenheit in die eigene Art.

(Martin Seel)

Zur Einstimmung I

When my mother died I was very young,
And my father sold me while yet my tongue,
Could scarcely cry weep weep weep weep.
So your chimneys I sweep & in soot I sleep.

There's little Tom Dacre, who cried when his head
That curl'd like a lamb's back, was shav'd, so I said.
Hush Tom never mind it, for when your head's bare,
You know that the soot cannot spoil your white hair.

Als Mutter starb, war ich noch sehr jung,
und Vater verkaufte mich, kaum daß mir
„'Feger!", „'Feger!" über die Zunge ging.
Nun fege ich eure Kamine und schlafe im Sott.

Da ist der kleine Tom Dacre, der weinte, als ihm der
lammfellkrause Kopf geschoren wurde; darauf ich:
„Still Tom! Nicht so schlimm, denn bist du erst kahl,
dann weißt du, daß dein weißes Haar nie mehr verrußt."

William Blake: „The Chimney Sweeper" (1789)

Zur Einstimmung II

[…] dann steigt ihr als Rauch in die Luft
dann habt ihr ein Grab in den Wolken da liegt man
   nicht eng […]

Paul Celan: „Die Todesfuge" (1948)

RUSSPARTIKEL

Die Hoffnung ist das Resultat ihres Verlusts.

Nichts bleibt vergänglich.

Erst das Licht macht die Dunkelheit bedrohlich.

Modern ist, was keine Zukunft hat.

Was du gibst, kann dir keiner mehr nehmen.

Im Kondensstreifen verflüchtigt sich der Traum vom Fliegen.

RUßPARTIKEL

Nur die Mauer steht auf keiner Seite.

Körper: Man steckt nicht drin.

Größe läßt sich weder vergrößern noch verkleinern.

Die Fackel der Aufklärung rußt.

Wer ganz verstanden wird, fühlt sich entlarvt.

Gäbe es die „Stimme der schweigenden Mehrheit", bliebe sie stumm.

Rußpartikel

Stumpfsinn verletzt mehr als Scharfsinn.

Ein Tor befolgt jeden Rat.

Ohne Theorie wird die Praxis vom Praktischen verdrängt.

Der Anfang distanziert sich vom Ende.

Barrikaden machen aus Straßen Sackgassen.

Wenn der Geist Illusion ist, was erzeugt dann die Illusion?

RUßPARTIKEL

Im Menschen ist die Natur außer sich.

Erhabenheit fehlt Tiefe.

Schlüssellöcher lassen mehr erblicken als offene Türen.

Gerade das Mögliche ist beschränkt.

Der Sklave haßt niemanden mehr als den Diener.

Eine Philosophie, die man leben könnte, verlöre ihren Sinn.

RUßPARTIKEL

Wovor ist der Fortschritt auf der Flucht?

Mitte: Vorhut der Extreme.

Gäbe es mehr Verzweiflung, wäre noch Hoffnung.

Der Schmeichler wedelt mit der Zunge.

Wir leben in den Genen unserer Ahnen weiter.

In der Frage begibt sich die Antwort auf die Suche nach sich selbst.

Rußpartikel

Undank ist die Rache des Beschämten.

Nieten halten zusammen.

Geschichtsbücher sind die Illustrierten der Anthropologie.

Kapital: zum Zweck gewordene Mittel.

Abenteuer kann es gar nicht selten genug geben.

Die Welt ist die Realität des Bildes, das wir uns von ihr machen.

RUßPARTIKEL

Schlecht bleibt, was auch ein Gutes hat.

Einstellungen sind justierbar.

Sich jeden Gedanken zu erlauben wäre Zeitverschwendung.

Das schiefe Grinsen der Guillotine.

Revolutionen kommen von unten herab.

Das Verschweigen verhält sich zur Lüge wie die Unterlassung zur Tat.

RUßPARTIKEL

Flammende Reden hinterlassen Asche.

Opium des Völkischen.

Jeder Versuch, die Wahrheit zu sagen, wirkt unseriös.

Sollen – nicht müssen dürfen.

Eifersucht ist dem Neider zu persönlich.

Was Narren und Weise gemein haben? Daß sie nicht klug sind.

RUSSPARTIKEL

Erst die Statistik macht aus Daten Fakten.

Was funktioniert, ist ersetzbar.

Nicht einmal unsere Vorurteile gehören uns selbst.

Macht läßt sich nicht beherrschen.

Konservative bewahren auch Vergängliches.

Menschen, die einen guten Ruf genießen, haben ihn nicht verdient.

RUßPARTIKEL

Reine Ideen können sich nur besudeln.

Im Kapitalismus ist Haben Soll.

Die Unfähigkeit zu philosophieren erschafft Systeme.

Auch echte Etiketten sind Schwindel.

Verschwender haben nichts zu verschenken.

Ein Wort, das man buchstabiert, verliert seine Bedeutung.

Zäune entmutigen weit mehr als Mauern.

Ein Problem lösen. Es entfesseln.

Politik sollte den Staat ernster nehmen als sich selbst.

Der Kampf ums Dasein ist kein Leben.

Flexibilität: passive Form des Opportunismus.

Bevor der Schüchterne etwas sagen kann, fällt er sich selbst ins Wort.

RUßPARTIKEL

Erklärliches darf unverstanden bleiben.

Talkshows: Zeitgeist-Séancen.

Das Licht der Wahrheit wirft den Schatten der Lüge.

Was einst Welt war, ist nun Dorf.

Sind Vorurteile ‚schöpferisches Gemeingut'?

Revolutionen kehren – schon dem Wort nach – zum Ausgangspunkt zurück.

Rußpartikel

Dunkelziffern leuchten in der Nacht.

Blumiges welkt.

Demokratie: Man darf mehr sagen, als man denkt.

Felsenfeste Meinungen erodieren.

Die Menschheit ist bloß ein Teil des Menschen.

Diese Gegenwart fühlt sich schon wie Vergangenheit an.

RUSSPARTIKEL

Es hat uns in die Sprache verschlagen.

Was heraussticht, verletzt.

Auf dem Wortschatz der Ideologen liegt ein Fluch.

Korruption stabilisiert jedes System.

Geizige sind die Asketen unter den Habgierigen.

Menschen sind leichter zu durchschauen als zu verstehen.

Rußpartikel

Wahres entzieht sich der Wahrheit.

Ohne Streit herrscht Krieg.

Ist der Zweck, der die Mittel heiligt, selbst noch heilig?

Schadenfreude überwindet den Neid.

Für Schlüsselpositionen gibt es einen Dietrich.

Die Todesstrafe ist die Erlösung von der Gesellschaft, die sie verhängt.

Rußpartikel

Keine Transparenz ohne Verschleierung.

Gier: Zuviel ist gerade genug.

Selbstdarsteller versagen vor allem als Schauspieler.

Freiheit zwingt zu Entscheidungen.

Maschinen wollen schon jetzt bedient werden.

Das Zeitgeschehen hat sich von der Geschichte emanzipiert.

RUßPARTIKEL

Irgendwann verhornt sogar die Gänsehaut.

Elite: einsame Klasse.

Wahr ist nur, was auch auf die richtige Weise stimmt.

Ruhm schadet der Bewunderung.

Er gab die Hoffnung auf. Als Flaschenpost.

Was, wenn die Dinge schon von sich aus mehrdeutig sind?

RUßPARTIKEL

Vorurteil: Konklusion aus einer Prämisse.

Was glänzt, erleuchtet nicht.

In halbgelebten Leben stirbt man anderthalb Tode.

Die Lösung ist ein Teil des Problems.

Unbeeindruckte wollen selbst beeindrucken.

Früher hatte man wenigstens noch ein falsches Bewußtsein.

RUẞPARTIKEL

Selbstentleibung: Was befreit sich wovon?

Nebelwerfer geben sich umwölkt.

Nun verstopft uns der Sirenengesang die Ohren.

Wer immerzu Glück hat, verliert es.

Das Maß der Schwäche bestimmt ihre Stärke.

Utopien: Wir haben mehr Zukunft hinter uns als Vergangenheit.

RUSSPARTIKEL

Das Gegenteil von Masse? Gemeinschaft.

Ohnmacht ist zu allem fähig.

Die Mutter der Wissenschaften hat ihren Witz verloren.

Vollendetes Wissen ist Halbbildung.

Unsere Kultur hat den Geist aufgegeben.

Welche Wahrheit beansprucht der Konstruktivismus eigentlich?

RUSSPARTIKEL

Wer die Heimat nie verläßt, hat keine.

Die Fratze des Demaskierers.

Anfänger und Experten sprechen dieselbe Sprache.

Hermeneutik erfordert Bedeutendes.

Wo beginnt der Luxus? Beim Sparschwein.

Macht, die demonstriert wird, mißbraucht sich selbst.

RUßPARTIKEL

Der Mystiker macht das Problem zum Rätsel.

Freiheit – die längste Leine.

Dem Allzumenschlichen mangelt es an Menschlichem.

Ohne Geist bleiben wir Fremdkörper.

Wer Grenzen übertritt, überschreitet sie nicht.

In dieser Zukunft verbringen wir schon jetzt den Rest unseres Lebens.

Der erste Massenmensch – ein Original?

Charakter: Autopilot.

Auf das dunkle Mittelalter folgte der helle Wahnsinn.

Wahrheit: Verschwörung der Fakten?

Egoismus ist das Verbindende, das uns trennt.

Wer es sich leicht macht, macht es sich unnötig schwer.

Rußpartikel

Doppelleben lassen sich nur halb führen.

Wer mitmacht, drückt sich.

Die Schere zwischen Arm und Reich hat zugeschnappt.

Solidarität: platonische Nächstenliebe.

Lästern heißt, Selbstkritik an anderen üben.

Hätten Abel und Remus miteinander in Frieden gelebt?

Rußpartikel

Was Hand und Fuß hat, schlägt und tritt.

Kritik verlangt Güte.

Im Kapitalismus sind Bedürftigkeit und Reichtum eins.

Das Richtige ist das Unwahre.

Leuchtete uns doch die Aufklärung heim!

Bildungsbürger tragen den Nürnberger Trichter als Hut.

Individuum: Larve des Massenmenschen.

Erkenne dich selbst – in allen.

Was ist schon ein Experiment gegen einen Essay?

Unter der Asche fröstelt die Glut.

Gute Kopien gibt es bloß von Meisterwerken.

Die Zivilisation ist der Abgrund, aus dem die Kultur emporschreit.

RUßPARTIKEL

Wie viele Ruinen birgt ein Steinbruch?

Auch Klone sind unverwechselbar.

Größe bemißt sich an der Tiefe der Verbeugung.

Unsere Wahrheiten: Lügen über Lügen.

Heimat ist die Fremde, in die man zurückkehrt.

Utopisten kann die Zukunft gar nicht fern genug sein.

RUßPARTIKEL

Kulturindustrie: das Böse der Banalität.

Wir sind die Grenzen der Welt.

Aus dem Ich spricht mehr Gattung als Individuum.

Kann sich ein Kreter selbst belügen?

Erst wer die Hürde reißt, macht den Weg frei.

Bewunderte Talente halten sich für verkannte Genies.

RUSSPARTIKEL

Der Mensch ist nicht, was die Menschen sind.

Ein Leib und eine Seele?

Fortschritt: In zu großen Schuhen läuft man sich Blasen.

An die Armen zu denken kostet nichts.

Woher nimmt der Zweifler seine Sicherheit?

Kommt der Berg nicht zum Propheten, muß ihn der Glaube versetzen.

RUßPARTIKEL

Was in Stein gemeißelt ist, ist nicht Stein.

Enteignung: Raub am Diebstahl.

Deterministen bleiben unter ihren Möglichkeiten.

Wer alles weiß, hat keine Ahnung.

Kleine Feuer erzeugen den meisten Rauch.

Am Anfang war schon nicht mehr, was im Anfang war.

RUßPARTIKEL

Perfektion – immer gleich weit entfernt.

Meditieren: in sich gähnen.

Zensur herrscht dort, wo man nicht von ihr sprechen darf.

Mitläufer nutzen den Windschatten.

Vor dem Sterben noch Resturlaub nehmen?

Fragen, die sich beantworten lassen, sind falsch gestellt.

RUSSPARTIKEL

Im Kapitalismus steckt der dickste Wurm.

Lebensechte Statuen: innen hohl.

Am Ziel vorbeigelaufen, erfanden wir den Fortschritt.

Neue Pfade sind Nebenstrecken.

In der Schublade feiert das Chaos Urständ.

Was den Menschen zum Menschen macht? Der Mensch.

RUSSPARTIKEL

Gesund ist, wer folgenlos erkrankt.

Alle Diktatoren sind Blutsbrüder.

Politiker lassen sich von der Verantwortung tragen.

Das Einfache darf nicht simpel sein.

Entweder – Oder. Satz vom lachenden Dritten.

Seine Schwächen zu verbergen raubt einem die letzte Kraft.

Was tief verwurzelt ist, vertrocknet nicht.

Distanzlosigkeit verhindert Nähe.

Klar schreiben, um den Leser besser zu verstehen.

Auslöser: Kronzeuge gegen die Ursache.

Der Motor der Moderne ist ihr Ungenügen.

Mens sana in corpore sano – die Verschärfung des Leib-Seele-Problems.

Ressentiment: Haßt du was, bist du was.

Bildung ist die Lücke ihrer selbst.

Jetzt kommt sogar schon die Ironie getragen daher.

Die Zeit heilt nur genähte Wunden.

Aktualität macht aus Gegenwart Vergangenheit.

An den Grenzen des Wissens marschiert der Glaube auf.

RUßPARTIKEL

Der Lebensweg ergibt sich aus den Umwegen.

Fetischcharakter des Wahren?

Das Recht zu schweigen ist mehr als Redefreiheit.

Auch Geizige verschwenden ihren Besitz.

Ursache und Wirkung schämen sich füreinander.

Weise ist, wer sich unter die Leugner der Weisheit mischt.

RUßPARTIKEL

Aus traumlosem Schlaf wacht man nicht auf.

Was vergeht, verkommt nicht.

Von der Mitte aus bilden die Extreme einen Trichter.

Eine Wahrheit ist schon keine mehr.

In verrußten Höhlen herrscht die tiefste Finsternis.

Durch die Maschine gewinnt die Materie die Kontrolle über das Leben zurück.

Freundesgaben

Tobias Grüterich

Elite sind die, zu denen man sich nicht zählen darf.

Philosoph ist, wer wider besseres Wissen denkt.

Den Liberalismus erfand man, damit die Reichen nicht unpolitisch werden.

Wir dürfen weder das Böse noch das Gute verharmlosen.

Der Mensch ist nicht mehr im eigenen Interesse glücklich.

Der Tadel darf mehr als das Lob: zum Beispiel von der falschen Seite kommen.

Franz Hodjak

Erkenne dich selbst und du erkennst die anderen nicht wieder.

Jeder ist das Echo seiner inneren Stimme.

Die ganze Wahrheit über die Lüge erfährt man nie.

Moral ist das Maß, mit dem man Leute mißt, die man nicht mag.

Auch das, was nicht geschieht, wiederholt sich.

Obwohl man nicht gern allein ist im Dunkel, fürchtet man jeden, der sich dazugesellt.

Ulrich Horstmann

Zwei alte Rivalen auf den Stufen der Akademie, einer den anderen seiner ungebrochenen Schaffenskraft versichernd: „Nur dauert es eben." – „Wen denn, mein Freund, wen?"

Feuerleiter (nach Walter Alvarez): Finger- und zungenfertig, steinreich und hitzköpfig, so sind wir nach oben gekommen. Dabei gab es in 90% der Erdgeschichte zwar heiße Luft, kochende Meere, glühendes Magma, aber kein Feuer. Äonenlang fehlte der Sauerstoff in der Atmosphäre. Als die Photosynthese für Abhilfe sorgte, tat sich trotzdem weitere anderthalb Milliarden Jahre lang herzlich wenig, weil das oxydierende Eisen den Überschuß abschöpfte. Aber auch auf dem jetzt durchgerosteten Planeten brannte nichts an, denn im Gegensatz zum Wasser gab es an Land kein Leben, das Entflammbares hätte hinterlassen können. Erst mit der Begrünung und Verholzung der Urkontinente vor gut vierhundert

Millionen Jahren war es dann so weit, daß in Dürreperioden die Feuerwalzen Fahrt aufnahmen. Hinter einer von ihnen schlugen Frühmenschen ihre Zähne zum ersten Mal in gebratenes Fleisch und hockten in der nächtlichen Kühle um einen weiterglühenden Stamm. Da war es, trotz der Brandblasen, um das Untier geschehen. Bis ans Ende seiner Tage würde es Feuer und Flamme sein, denn die Spätgeborenen waren füreinander bestimmt.

Die Zeit hat die Zeitmaschine innerhalb eines kurzen Jahrhunderts von dem verwischten Veloziped eines H.G. Wells in die Energieblase des Terminator II verwandelt. Aus den prasselnden Entladungen dieser futuristischen Gebärmutter kommt – nackt und bloß – ein Riesenbaby zur Welt, das sich als durchkybernetisierter Tausendsassa und Throwback zugleich entpuppen wird. Denn trotz seiner blitzschnellen Paraden redet er noch bis zum Schluß in Zeitlupe und strampelt sich bei einem Ungeschehenmachen ab, das schon Frankenstein den Viktorianern wie einen

Wechselbalg in die Wiege gelegt hatte. Ein Danaergeschenk, nur echt mit der unverkennbaren Möbius-Schleife.

Das Hirn in seiner Höhle – umnachtet bis zum Jüngsten Tag.

‚Anachronistisch' ist eine Schuldzuweisung für alles, was den Anschluß verpaßt hat. Soll es glimpflicher und ohne erhobenen Zeigefinger abgehen, sagt man ‚aus der Zeit gefallen'. Und schüttelt den Kopf über die daunenweiche Landung hinter den Abstellgleisen.

Michael Rumpf

Thales wurde von einer Magd verspottet, Hans-Guck-in-die Luft von drei Fischen. Gegen Wolkenkuckucksheimer hält man unten zusammen.

Emanzipation ist eine Leibidee des Kapitalismus. Individualität steigert den Konsum.

Christus wäre, so Mark Twain, heute kein Christ. Marx, liest man, kein Marxist, Freud kein Freudianer. Ergo: Die Göttin Hedone keine Hedonistin, Eros kein Erotiker, der Teufel kein Satanist. Welche Quelle erkennt sich im Fluß wieder?

Fortunas Rad hat sein Vorbild im Rad Ixions.

Hauptprodukt der Vergnügungsindustrie: Lebensimitate.

FREUNDESGABEN

Pipi Langstrumpf ist berühmt dafür, nur zu tun, was sie will. Übersehen wird, daß ihr Vater ihr eine Kiste voller Gold überlassen hat.

FREUNDESGABEN

Hans-Horst Skupy

Patriotismus: Ende der Fahnenstange.

Graue Theorie färbt ab.

Manche lügen schon beim Denken.

An die Stelle des Herzens ist das Engagement getreten.

Gute Beispiele verderben die Sitten.

Womit schärft man die Schere im Kopf?

Mit der Zeit nähert sich die Zukunft immer mehr der Vergangenheit an.

Andreas Steffens

Solange aufs Ende gesehen wird, ist kein Anfang in Sicht.

Man muß gehen, um anzukommen.

Wichtige Entscheidungen fallen, ohne getroffen zu werden.

Wer nur ist, was er wurde, wird nie, was er ist.

Die Verwüstung der Welt besiegelt ihre Verachtung durch ihren Schöpfer.

Wunscherfüllung: Man muß wollen, zu lernen, nicht zu wollen, was man braucht.

Elisabeth Turvold

Das schwächste Glied der Kette sprengt sie.

Lügen: Pinocchios Nasenspitze kitzeln.

Aufklärung mündet qua Vernunft in die Einsicht der eigenen Unvernunft.

Schatten: Lichtabfall, achtlos auf den Boden geworfen.

Streitkultur – einen Schlagabtausch per Handschlag beenden.

Mit der Eigenverantwortung für die Gesundheit hat das gute Leben seine Unschuld verloren.

Preisfrage

PREISFRAGE

AE: „Warum ist das, was wird, mehr das, was ist, als das, was sein könnte?"

AS: „Weil alles, was ist, indem es wurde, die Stelle schon besetzte, wohin strebte, was noch dabei war zu werden. So ist alles an seinem Platz, und nichts dort, wohin es gehörte. Nichts kann sein außer, was wurde; aber alles wird aus dem, was schon ist. Alles Werden ist nur ein Anderswerden, aber kein Hervorbringen eines Anderen: Verwandlung des Gleichen. Alles Sein wiederholt. Da wir aber nicht wissen, was war, erscheint alles im Prozeß des Wandels desselben als neu. Alles ist schon da und wird stets neu. Jeder Gedanke spricht einen verschwiegenen aus."

Autorenporträts

Alexander Eilers

geb. am 15.4.1976 in Fulda; promovierter Literaturwissenschaftler, Herausgeber, Anthologist sowie Übersetzer; hat als Dozent an der Justus-Liebig-Universität Gießen gearbeitet und ist nun Englisch- und Philosophielehrer im niedersächsischen Rinteln; div. Zeitschriften- und Buchpublikationen (zuletzt: *Kiesel. Aphorismen,* 2019; *John Earle. Micro-cosmographie. Or, A Peece of the World Discovered* (engl./dt.), deutsche Erstübersetzung, 2018); lebt in Hessisch Oldendorf (Nds.).

Tobias Grüterich

geb. am 1. März 1978 in Karl-Marx-Stadt/Chemnitz; Vermessungsassessor; schreibt Aphorismen, Notate, Rezensionen, Gebrauchslyrik; Anthologist (mit Alexander Eilers und Eva Annabelle Blume: *Neue Deutsche Aphorismen,* 2010/2014) und Herausgeber (Wolfgang Mocker 2013); eigene Aphorismenbände (zuletzt: *Harte Kerne,* 2009); wohnt und arbeitet in Mettmann; *www.aphorismania.de*

Franz Hodjak

geb. am 27. September 1944 in Hermannstadt (Rumänien); zunächst Verlagslektor, dann Übersiedlung nach Deutschland; Erzählungen, Romane, Kurzprosa und Gedichte; eigene Aphorismenbände (zuletzt: *Der, an den wir uns erinnern, waren wir nie*, 2017); Auszeichnungen u. a. Preis des Landes Kärnten beim Ingeborg-Bachmann-Wettbewerb 1990, Ehrengabe zum Andreas-Gryphius-Preis 1991, Hermann-Hesse-Stipendium 1998, Stadtschreiber in Dresden 2002, Kester-Haeusler-Ehrengabe der Deutschen Schillerstiftung 2005, Siebenbürgisch-Sächsischer Kulturpreis 2013; lebt als freier Schriftsteller in Usingen (Ts.)

Ulrich Horstmann

geb. am 31. Mai 1949 in Bünde; Philosoph, Schriftsteller und emeritierter Professor für Neuere Englische und Amerikanische Literatur an der Justus-Liebig-Universität Gießen; Essays (*Das Untier* 1983), Erzählungen, Romane, Theaterstücke, Hörspiele, Gedichte; Lesebuch (hg. Walter Gödden); eigene Aphorismenbände (zuletzt: *Blasser Schimmer*, 2020); Auszeichnungen u. a. Kleist-Preis 1988; lebt in Marburg; *www.untier.de*

Michael Rumpf

geb. am 16. Dezember 1948 in Heidelberg; Promotion über Walter Benjamin zum Dr. phil.; pensionierter Gymnasiallehrer; Mitherausgeber des Jahrheftes *Zeno – Zeitschrift für Literatur und Sophistik*; div. aphoristische Veröffentlichungen in Literatur- und Philosophiezeitschriften; eigene Aphorismenbände (zuletzt: *Was nützt es, wenn ein Chamäleon Farbe bekennt?*, 2019); lebt in Grünstadt (Pfalz)

Hans-Horst-Skupy

geb. am 1. August 1942 in Bratislava; Übersiedlung in die BRD; Autor zahlreicher Rundfunksendungen und Reisereportagen zu Osteuropa; Zitate-Anthologist; größte zzt. bekannte Privatsammlung von Spruchliteratur (ca. 7.000 Bücher) in Deutschland; eigene Aphorismenbände (zuletzt: *Aphorismen – trojanische Worte*, 2012); Auszeichnungen u. a. Kulturpreisträger des Landkreises Passau für Literatur 2008, lebt in Ruhstorf a. d. Rott

Andreas Steffens

geb. am 19. November 1957 in Wuppertal; habilitierter Philosoph und Schriftsteller; vormals Galerist sowie Privatdozent an der Universität Kassel; Mitherausgeber der *Karussell – Bergische Zeitschrift für Literatur*; Essays, Erzählungen, Miniaturen; eigene Aphorismenbände (zuletzt: *Petit Fours*, 2009); Auszeichnungen u. a. Preis der Enno und Christa Springmann-Stiftung 2009, lebt in Wuppertal

Elisabeth Turvold

geb. am 15. April 1963 in Sarpsborg (Norwegen); Studium der Geschichte, Kunsthistorie und Philologie; Mitarbeiterin an der Arbeitsstelle Holocaustliteratur in Gießen; freie Forschungsprojekte; Übersetzungen, Gedichte; eigene Aphorismenbände (zuletzt: *Gedankenlesezeichen*, 2014); lebt in Grünberg (Oberhessen)